Ek Mulaqat

Shubham Sharma

BookLeaf Publishing
India | USA | UK

Made with ❤ on the BookLeaf Publishing Platform
www.bookleafpub.in
www.bookleafpub.com

Dedication

To her - the girl in these pages,
who is both, Hell and Heaven.

May your journey through these words,
echo her voice, her smile and her simplicity.

This story is yours,
woven from the threads of memories,
bound by the quiet strength of her name.

Preface

This book began as beautiful version of her. Every poem
consists of fragment of emotions and her smile.
I started to see a red thread connection between her and
my heart.

What you hold in your hands is not merely a collection
of poems but a journey of love and loss,
discovery and becoming, of her and mine.

This is her story - but it is also in its own way,
Ours...

Acknowledgements

This book would not have come to life without the presence, patience and quiet strength of the people who have walked beside me through every page.

To the girl in this story—thank you for inspiring every line, every pause and every heartbeat within these poems. You gave shape to the silence and meaning to the words that once felt lost.

To my family and friends, who believed in my voice even when I doubted it—your love and encouragement carried me through the longest nights.

To the readers who find pieces of themselves in these poems—thank you for allowing my story to meet yours. It is in that connection that poetry truly lives.

1. Pehli Mulaqat

Baarish agar khudko ishq se saaf kare,
Hawayein agar khudse irsha karne lage,
Saansein bhi ruk jaaye, unke muskaan se,
Jaam ke paigaam ke bina hi, nasha hone lage,
Payal ke channkaar ke bina hi, hosh khone lage,
Haatho ki lakir badal jaaye uss aahat se...

Samay se naarazgi, uss din huyi,
Aankho ki nazar, jab kam huyi,
Baaju se guzare bhi, toh kuch iss tarah,
Jaise be-mausam baarish huyi ho, iss tarah...

Ajeeb si kashish thi, unke aawaz mai,
Sarghoshi si utth jaaye, har aalaam mai,
Takraaye hum, coffee ke bahane se,
Aag machalne lagi, iss barsaati mausam mai...

Unke woh lafz, jinhe mujhe bulaya tha,
Raaste dhikhane, ishara karwaya tha,
Bhagwan ki dein hai, humhaare dal mai aa baithe,
Unke baare mai jaanane ki iccha, dil mai sawara tha...

Apne dosto ko gumraah karke,
humne unke taraf dekha,

Be-matlab bahane se,
Unse unka waqt maanga,
Baatein dhadkano ko dastak de rahi thi,
Haaye! meri tadap aisi, ki meri jaan nikal rahi thi...

Uske baare mai, sab jaanane ki chaah thi,
Kaam mai khoye, aur dil haar baithe the,
Hazaaro panno lipte, iss dil ke kitaab mai,
Sukhe gulaab ke surakhiyo se chod aaye the...

2. Hairati Mulaqat

Behati ghata ki tarah, din guzar rahe the,
Raaho par bhatke, musafir the,
Laksh mila, toh saath juddi,
Rojana ek saath, aana jaana hua,
Dhadkane ruke huye mere, pyaar hua,
Sharafat si, uljane badi aur iqraar hua...

Doston ke saath, woh chali,
Raaste ek hokar bhi, disha badli,
Manzil tak pochke, mai aage bada,
Ek station pehle utara, jab unka khayal aaya...

Tez bhari raftaar mai,
Chal rahi train ke jhuk-jhuk mai,
Unke aahat ki yaad aane par,
Ghadi se dhak-dhak ki aawaz aane par,
Mai chal pada piche, dobara unse milne...

Jabtak waqt ka taal-mel baitha,
Husn chali gayi thi,
Darane jo hum aaye the,
Chaukakar woh chali gayi...

Hum wahi baithe, ro pade,

Qismat ko kasoor-vaar, bol baithe,
Tanhai toh chaayi thi, chaaro taraf,
Sukoon toh unke message, aane par mila..

Shikhayat, Parvaah, Daanth aur Pyaar tha,
Unke shabdo mai, khuda ki parchayi thi,
"Hukummat mai haar kar, Kaisa laga ?"
Bas aaj tak, yahi sawaal khudse puchta hu,
Bewafai, Besharmi lekar bhi,
Bas ussi se ishq karta hu...

3. Khushnuma Mulaqat

Rubaroo tere ishq se, yun waaqif huye,
Tere liye jeeye, aur tere liye mare,
Usse yun be-sabri se, mohabbat karta hu,
Maano, sirf ussi se mohabbat krta hu...

Kashish mai yun, hum bhikhare huye hai,
Tere khatir hum, duniya tabah kar baithe hai,
Pahaad ke upar, jharne ke kinaare,
Baithe rahe, guftagoo karte rahe hum...

Subah murjhaaye hum, tumhaare khatir intezaar kiye hum,
Tumhaare haath ki coffee piye hum,
Jubaan se swaad hata nhi,
Tumhaare liye, pyaar kam hua nhi...

Doston ko intezaar karwaye hum,
Baaton mai aise uljhe hum,
Taklife saari teri, khud pe liye hum,
Tere liye dusre janam liye hum...

Waqt humhaara, thehar sa gaya tha,
Hasi shayad, ruk si gayi thi,
Dil ek ho rahe the,

Maano, jeevan bhar ka rishta judd sa gaya tha...

Yaadein hum bana rahe the,
Palko par tujhe saja rahe the,
Tere ghar tak, tera saath de rahe the,
Nikaah hum pada rahe the,
Bhagwan humhaare, eklaute sakshi ban rahe the,
Tere saath, aur pal guzaare jaa rahe the...

4. Dilnashi Mulaqat

Uske aankho mai, aise dube,
Ki waqt ka hume, kuch bhi bhaan na tha,
Uske aanchal tale, chhipe hum,
Humhaare ishq ka mujhe, koi bhaan na tha...

Saare hadde laang di,
Saare ulfatein hara di,
Shiddat se ki huyi, yeh aashiqui ne,
Duniya ki saari niyamo ko todd di...

Samay, hume shayad kam padta tha,
Din raat bhar sirf, baatein hi chalti thi,
Har jagah se, ishqbaazi ho rahi thi,
Jaise panchiyo ka bas, udna baaki tha...

Naye tyohaar mai, kapde dhikhaye jaa rahe the,
Pasandita se, pasand milaye jaa rahe the,
Shauk toh badi cheez hai,
Bas, shaukeen se, dastaan judaya jaa rahe the...

Anjaam, chaahe jo bhi ho,
Wajah, chaahe jo bhi ho,
Manzil, chaahe jo bhi ho,
Ishq, Jawab aur Saath ek hi hai...

Jiss unchaai se, ek dafa dara krte the hum,
Ussi balcony par baithe, lambi kahaaniya bune jaa rahe the,
Lehro aur hawao ka rukh, muddsa gaya tha,
Uski muskaan mai, alag si saadagi dhikhai de rahi thi,
Saath janamo ke liye bandhe, iss rishtey mai,
Ek nayi kadi abhi aani baaki thi...

5. Izhaarein Mulaqat

Izhaar aur Haqiqat ke faraq mai, hum fasse,
Mulaqat mai haazri lagane mai, hum darre,
Ek aur haseen vaadiyo mai jaakar,
Khuda se shikayato ki dorr mai, hum judde...

Ek aur talaash, muqammal huyi,
Ek aur aasha, kaabil huyi,
Tere ishq mai, fanaa huye,
Tere liye, be-pannah huye...

Chalte chalte, pahaad utarte utarte,
Ek unkahi, baatein huyi,
Baarish ki boond ne,
Har jagah, khamoshi si chaayi,
Has pade, hum dono jab,
Humhaare dost ne, piche se jab,
humhaari tasveer jo dhikhai...

Dono bheege huye, aapne aankhon mai,
Thand se thithurte, kaabu kiye,
Baalo ki lambai jab, piche se dekhi,
Toh ek salike ke dono, samaan aaye...

Khoye hum dono, ek mai,

Lage andaza jab, shaam mai,
Durr ho gaye hum, apne dosto se,
Ruk gaye thode der hum, iss pal mai...

Jeene ko, hazaar bahane the,
Ek sang rehene ke, hazaar bahane the,
Duniya se judda hokar, saath hone par,
Hulchal dilane ke, hazaar bahane the...

Barsaat jab ruki,
Hum niche aaye,
Dosto ko andekha kar ke,
Khudko sukhane aaye,
Coffee pite pite,
Yun hazaar dushman banaye...

6. Haseen Mulaqat

Rojana mera ishq, ubharne laga hai,
Deewangi mai doobe dono, ek hone lage hai,
Diwali ki amavas mai, mera chaand,
Zameen pe, meri chamak mai chamakne laga hai..

Shaam mai bhuke hum, kaha jaaye,
Pasand humhaari jaha ho,
Bas wahi baith jaaye,
Aksar se yeh, ab har roj ho raha tha,
Hum dono ko dekh kar,
Ab yeh zamana, jal raha tha...

Subah se, shaam tak,
Shaam se, raat tak,
Bas aarzoo, hoti rehti hai,
Bas baatein, hoti rehti hai...

Itna kya hota hai, baaton mai,
Har dafa, bas yahi khayal rehta hai,
Mann bhar bhi jaaye, unke nighaon se,
Lekin, pyaar toh yaadon mai hi reh jaata hai...

Roj ke safar mai, thak kar,
Baju mai, hum jo baithe hai,

Jab woh mere kande par, sarr rakhti hai,
Woh aadhe ghante ka samay mai,
Hum aadhe ho jaate hai...

Ek aur kadi, aani baaki hai,
Mushkil se jhudna, abhi baaki hai,
Qehar na aaye, humhaare jeevan mai,
Ab unke pyaar se milna, abhi baaki hai...

7. Raabatein Mulaqat

Jism ka takabbur, hume kabhi na tha,
Waqt ki saazish, hume kabhi na tha,
Nashe se haare, hum,
Jannato se darre, hum,
Jaan lutaana toh, koi unse sikhe,
Mohabbat mai bheeg maangna,
Koi hum jaise fakir se sikhe...

Woh lekar chali, saari saheliyo ko,
Ghumne, kahin durr,
Bhichdann toh, manana padega,
Dekh kar, yun dil-churr..

Talli huye, jab unka call aaya,
Aadhi raat se, baatein huyi shuru,
Unko samjhate samjhate,
Hum samaj gaye,
Ki, yeh raat hone waali hai, bohat khoob..

Dilon ke sau tukde huye,
Musibat ki kadi pakdi,
Sabko rakh ke durr,
Paas aaye, unke noor...

Subah jab call, khatam hone aaya,
Unko bhi neend, jab aane laga,
Unko sula kar hum, doobe unke yaad mai,
2 ghante baad, dobaara unka call aaya,
Shubh-prabhat kehne..

Khoob saare, bhed jaane,
Haseen raatein, saath mai kaate,
Lamhein aise, ki ruk jaaye,
Hum bas unke pyaar mai,
Aur bhi marr-mitt jaaye...

8. Haalatein Mulaqat

Aayat mai lekar, naam uska,
Pad raha hu usse, nishani banake,
Khwaisho ki, ladi banake,
Likh raha hu usse, kitaab banake...

Aana tha usse, mere shehar,
Gussa tha mai, uske bagair,
Chutti ke din, subah 8 bajkar,
Milne bulaya, jald bulakar,
Mai bhaaga, jo laga haath,
Intezaar mai, dil thehma,
Jab sang aayi, mere saath...

Scooter par bithakar, usse lekar chale,
Ghumaane usse, humhaare desh chale,
Uske paas waqt, bohat kam tha,
Lekin, humhaare saath ek coffee bhi, zaruri tha...

Pite pite, yaadein batayi,
Sang uske, uske dad ke batayi,
Hum toh khoye uske aankhon mai,
Woh apne, gile latt mai uljayi...

Phir station jaake, usse alvida kaha,

Agle din, shaam mai milne ka waada kiya,
Agle din ki intezaar hume, kahi dino se thi,
Chaand ka sabse sundar darshan ki raat jo thi..

Subah se bhuke pyaase hum,
Bhagwan se maang kar, unki umar lambi kar rahe the,
Karwa Chauth ka vrat rakh ke,
Unse baatein jo kar rahe the,
Station jab unhein, dekhne gaye,
Unki train aa rahi thi,
Ek chhorr pe bulakar, dusre se dastak diye,
Mera kya tha ? Mujhe toh ek chhorr se dusre par bhagna tha...

Aankri baar dekh kar, muskuraye hum,
Thakki woh lag rahi thi, aur haafe hum,
Jaise jaise train, jaa rahi thi,
Mere mann mai sirf, ek hi baat aa rahi thi,
Chaand ko dekh kar jo, vrat todna tha,
Woh Chaandani ki roshni se hi, puri ho rahi thi...

9. Dardein Mulaqat

Tanha mai, tanha dil,
Haare usse, haare hum,
Alag huye, judda huye,
Pyaar se, anjaan huye...

Zubaan ke, tutte hum,
Aadhi raat mai, rutthe hum,
Baat-chit jo, band huyi,
Balcony phir se ab, suni huyi...

Aansu, sukh rahe the,
Yaadein, mitt rahe the,
Dekhe jo, shaadi ke sapne,
Maiyat mai ab woh, badal rahe the...

Uske Khwab se, durr jaane,
Chale hum, khuda ke ghar pe,
Mathura-Vrindavan ke raaston par,
Gaye hum, usse bhulane..

Taklif, hazaar diye khudko,
Yaad, tamam kiye usko,
Bhulne-Bhulaane ke, darr se,
Dard, hazaar diye khudko...

Saal ka, aankhri waqt tha,
Aankhir kaar, sabr tutta,
Unse milne unke ghar, jaa pocha,
Saansein, tham si gayi,
Dhadkane, rukk si gayi,
Jab unhein, unke bisttar par,
Ardh-mari, haalat mai dekha...

10. Duayein Mulaqat

Usse iss haalat mai, dekhkar,
Samle nhi hum,
Be-jaan hokar, uska naam pukaare hum,
Jab waha se koi, pukaar na aane par,
Rone lage hum...

Uske sirhaane, baithe hum,
Uske aankhein, band dekhkar,
Saare dard, bhula baithe hum,
Uske ghar waale, nazar taade the,
Dard mai, kaun jyada hai,
Pehchaan nhi, paa rahe the,
Saara aalam, sudh-bhudd mai tha,
Bas, hosh mai hum hi nhi the...

Nashe mai doobe, poori tarah se,
Anjaam de rahe the,
Pyaar mai, dhang nhi dekha gaya,
Ki kadam ek jagah, thehar nahi rahe the...

Unhi ke baju mai, so gaya mai,
Unke khayalon mai, kho gaya mai,
Unki zulfein odu, tasaali ek mili,
Jab shayari mai gazal, pesh karta gaya mai...

Subah huyi, toh kirane dhiki,
Sooraj mai lapta hua, unka chehra dikha,
Utke baithi thi, aur haath mere sarr par tha,
Jaise, khud ko khuda ka sahara tha...

Gale lagakar, khoob kaha,
Duniya bhar ki, galtiya samet li,
Dukh se behtar, rab hai,
Mere ishq se badkar toh sirf, yeh sachh hai...

11. Yaadein Mulaqat

Dono ne, ek dusre ko dekhkar,
Jorro se, hass pade,
Khayal mai, achanak se,
Ek tasvir si, chaa gayi,
Sang ek dusre ke, ek paal woh yaad aayi...

Subah se naa koi call, na koi message,
Unhein mere pukaar se, uthne ki aadat thi,
Hum chale, humhaare kaam par,
Yaado mai khoye uske, saari safar,
Na jaane kiski lag gayi, unhein nazar...

Beech meeting mai, unka message jo aata hai,
"Haaye Narayan, hume bhi kuch hota hai!"
Bas, unki bhukaar ki sandesh milte hi,
Khatam karke, saare kaam,
Ab nikle aadhe din chutti lekar, unke dhaam...

Pochte hi, woh bahar aayi,
Halke se thandi mai, aankhein chalkaai,
Saath baithe, khana khaye,
Aur pyaar se, har lamhein paaye...

Humesha saath, dene waali,

Palko ka hisaab, rakhne waali,
Ishq mai, pad jaane waali,
Lekin tabyat kharab hone par,
bachhi ban jaane waali,
Kaam pe naa jau mai,
Toh woh nhi, jaane waali..

Dusre ladkiyo ke, tasvir ko like krne par,
Irsha se, gussa dhikhane waali,
Mere saath baith kar,
Waqt se, kuch nhi bolne waali,
Aaj chaukhat tak pochi hai,
Qismat ko chura kar, mujhe hasane waali,
Aaj mohabbat mai, puri tarah se doobi hai,
Meri yeh pyaari, raadha raani...

12. Raazein Mulaqat

Palke bichaaye, rooh kaapi,
Din khaatir, shaam bitaaye,
Ek haseen, dost ke saath,
Jab hum teeno, movie ke liye aaye...

Jigar ki baat thi, humhaara milna,
Ruthne mai, maahir jo the,
Saath sang aur pasindida rang,
Khair, shesh ab tha janana unka dhang...

Ghuftgoo karna, abhi aur baaki tha,
Uske pyaar mai marna, abhi aur baaki tha,
Kaha malum tha, jo raaz humse chippe the,
Unpe sharm aana, abhi aur baaki tha...

Ek aadit rasta tha, usse pehchaane ka,
Aashiqui mai, unse rubaroo hone ka,
Sacch jhutt ke, iss khel mai,
Jismaani pyaar se, waaqif hone ka...

Shubh vivaah se, jo antt dekha tha,
Karmo mai, pehle hi uska fal dekha tha,
Pehle hi, ho chuka tha,
Usse dil, aaj dukha tha,

Phir bhi, uske khaatir
Uska jacket, sambhal kar rakha tha...

Udaasi aisi chaayi,
Aankh, dost aur meri bhar aayi,
Woh toh, hosh ke bahar thi,
Usse ghar jaane ki, jaldi jo thi,
Uski nazar, aaj nazar lagakar chali gayi,
Iss dil pe, duniya bhar ka,
Kalank, lagakar chali gayi...

13. Sharmnaak Mulaqat

Krodh, aankhri seema par thi,
Nirasha, pehle lafz par thi,
Samaj ki, paribhasha badli thi,
Pyaar ki, aukaat hi badli thi...

Uske baad, jo pehli mulaqat thi,
Woh baarish ki boonde, jaisi nahi,
Halaki, toofan ki woh parchayi thi,
Jo sehlaab aur sukoon, saath laayi thi...

Ek hi jagah, hokar bhi,
Aankhein nhi, lad rahe the,
Kaam se sirf, matlab mai sirf,
Baatein hi, ho rahe the...

Dheere dheere jab, khuli aur,
Unke ateet ke, saare raaz,
Sharm se, doobe hum,
Taras se, bheege hum,
Chale kis gali, chale kis aur,
Saath mai, sang inke,
Kareeb, maut ke aur...

Chale the, radha-krishn dohraane,

Na bani rukmani, na hi meera,
Pal pal ki, baat thi,
Kabhi koyla, aur kabhi heera...

Naarazgi, toh thi hi nahi,
Bad-kismati, toh thi hi nahi,
Pyaar, toh tha hi nahi ?
Nafrat, toh tha hi nahi ?
Anjaane, sawaal the,
Anjaane, log the,
Anjaane, raaho par,
Nikale, hum the...

14. Rozana Mulaqat

Chehra dekhe, kahi baar,
Saansein roke, kahi baar,
Ishq mai, rehnuma huye,
Pagal bane, kahi baar...

Naye aashiq, ki daur thi,
Call aur message ki, lehar thi,
Dil ke dhadkane, tham thi,
Irsha mai, doobe hum,
Kahi aag ki baarish,
Lagi bohat, tez thi...

Kapdo, heero ki tarah,
Uske ishq the,
Badle, mausam ki tarah,
Uske dil the..

Tutte hume, ek arsa na hua,
Bhikhare hume, ek arsa na hua,
Taash ki woh baazi, haari thi humne,
Jismai Raani ka saara, mohalla na hua..

Ghadi, dastak de rahi thi,
Har pal, ek khabar de rahi thi,

Dilon ki aawazein, bad rahi thi,
Jaane, jannat se pehle dafa,
mulaqat ho rahi thi...

Taraju mai, mohabbat rakhi,
Usse paiso ki, gaddi dhikhi,
Lalach, har jagah chaaya tha,
Uske noor mai bhi, ab,
Sikkho ka, mohtaaz banaya tha...

15. Junoon-e-Mulaqat

Khushiyon ke, iss deewaar par,
Haath poche, kisi maile ne,
Zeher pine ke, qaabil the hum,
Aur haqiqat se, bagawat kar baithe the...

Uska junoon, iss qadar chada hai,
Asliyat jaante huye bhi,
Janaza uthne ke halaat mai, yeh dil,
Dillagi karne chala hai...

Uski kashish mai, doobne ka,
Mann, dobaara kar raha hai,
Yeh pagalpan mai, jeene ka,
Mann, dobaara kar raha hai...

Kuch din, khushi mai rahe,
Kuch din, ghamo shaam mai bitte,
Har subah, bas unka mukh dekhe,
Coffee, bas hum akele piyee...

Kehkar, bohat dekh liya,
Sehkar, bohat dekh liya,
Bhagwano se, bheek maang li,
Aur unka, unse unhi ko chinn liya...

Kahaani humhaari, iss modd par hai,
Toofan ki kashti, jiss dhlaan par hai,
Unse humhaara, naata haara tha,
Baarat liye, saare dost taiyaar the,
Kadiyo mai, aise uljhe the,
Ki bas humhaara, raasta anjaana tha...

16. Irsha-e-Mulaqat

Duniya ke, iss raftaar mai,
Kaam ke, iss dhyaan mai,
Bech aayi woh, sapne mere,
Jab inn aankho ne, dekha,
Usse, uske naye mehboob ke sang...

Parvaah karne ka, bahana pata tha,
Haath thaamne ka, saza pata tha,
Nazaro mai, itne girr chuke the hum,
Ki usse, uske naye ishq se chipakne ka,
Anjaam pata tha...

Chaahe toh yeh sab, yahi rok lete,
Lekin yeh tamashe ka chorr, dekhna tha,
Kaha tak jaayegi, yeh kahani ab,
Bhagwano ko upar jaake,
Yeh sawaal bhi puchna tha...

Khair, unginnat zindagi tabaah huye the,
Iss ek phool ke, wajah se,
Poore bagiche ko, roshan kar deti thi,
Lekin maali uske, hazaar the...

Bas yun kaatna tha, yeh taklife aur,

Sabak sikhane, aayi thi woh,
Ishq se yun, mukh udd gaya,
Jab kare koi aur, bhale koi aur...

Ek shikhayat, humesha se hogi,
Pyaar humse, aur nikaah kisi aur se hogi,
Sharir chaahe, mitti mai mil jaaye,
Lekin yeh rooh, humesha uske aas-paas hogi...

17. Haiwaniyat Mulaqat

Ek baarish ki, yaad thi,
Ruke hum, ek chhat niche,
Chatri, hote huye bhi,
Thehre hum, ek chhat niche...

Shaam ke waqt,
Thand aur andhere, ke saath,
Ek dusre ko, dekh kar,
Ki bohat saari, baat,
Kuch parivaaro ki, kuch sakhiyo ki,
Kuch aadaton ki, aur kuch mulaqato ki...

Khuda pe, bharosa tha,
Isiliye, ek pal yaad aaya tha,
Taaviz laaya tha, bhuddu mai,
Usse pehna kar, apna banaya tha...

Jald ki koi jaldi, nahi hoti thi tab,
Unke taal par, naachte the tab,
Har hukm, maante the tab,
Kaha malum padega,
Ki lagaan, chukaana padega ab...

Rakshaso jaisi, zindagi bana li thi,

Jaagte sote bas, uska chehra aata tha,
Tasviro mai, usse utaarne laga tha,
Deewaro par, uska naam chupane laga tha,
Haatho par, uska naam gundhwaane laga tha,
Taaro par, uski palak dekhne laga tha,
Khamoshi mai, uski paayal sunane laga tha...

Saath janam ke liye,
Saath kasamein bandhe,
Nazar churayi logo se,
Hath pakadne lage,
Kandho par thak haare,
Duniya bhulakar,
Sone hum lage,
Hosh aane par, jab aankhein khuli,
Toh nashe mai doobne,
Dobaara hum lage...

18. Deewaniyat Mulaqat

Yeh Deewanapan, humhaara,
Kis mod par, hai laaya,
Zillat mili, har dafa,
Ibadat mai, yaad kiya...

Dua se, kafan tak,
Pooja se, dafan tak,
Har gali, uske shehar mai,
Raah taakte hai, uske har qabr pe...

Raatein, gumsum jaa rahi thi,
Aansu, sukhe pad rahe the,
Intezaar, samajdaari ki baatein kar raha tha,
Mausam, uske tarah badal rahe the...

Har diwali, ghar yun sajaai,
Jaise doli sang, woh mere ghar aayi,
Phoolon ki maala se, uljhe woh,
Rangoli ke rang se, sajje woh,
Mere parde, humesha,
Uske baalo se, khelne ko taraste hai,
Mera tadap, aaj bhi,
Usse dulhan ke roop mai, dekhta hai...

Kahani adhuri, bohato ki huyi,
Yeh adhuri mai, humhaari kahaani chupi thi,
Antt se, alag naata tha,
Lekin pyaar toh, dono aur se hua tha...

Bas yun ishq ki baazi, haari thi,
Do gaj zameen, jo maangi thi,
Pariyo si muskaan ki, talaash mai,
Humne khuda se, uski noor chinni thi...

19. Khudgarzi Mulaqat

Mere naam jaise, uska ek beta ho,
Hazaar taklifo se, uska naata ho,
Saza uski, uske khandaan ko mile,
Uski nasl ka goonj, har shamshan mai goonjhe...

Waqt badle, haalat badle,
Uski aashiqo ki, ginnti badle,
Har tyohaar ki, jashn mai,
Khoye usne, uske chahne waale,
Afsos toh, ek na tha,
Matlabi toh, uske khoon mai tha,
Hadd se aage, badi thi woh,
Aur hadd mai rehna, mujhe sikha rahi thi woh...

Chalo humhaara toh, thik tha,
Dard, Taklif, Dhokha, Dua,
Se puraana jo, rishta tha,
Anjaane mai matlab se, Todde unke dil,
Jinka inn sab se, koi naata na tha...
Parivaar waale, samaj jaayenge,
Har cheez, seh jaayenge,
Unke chuppi mai jo, mai pyaar dhoondta tha,
Aaj bas, hassi ka ek paatr ban raha tha...

Atit se kab tak, bhagegi woh,
Samna usse, karna hoga,
Karma se, ghumegi woh,
Jab samne koi, uska apna hoga...

Dil se baddua, nikalti hai,
Tarbiyat ka, lihaaz karta hu,
Khudka tabah hona, manjoor tha mujhe,
Lekin uspe, ek aanch aane se bhi darta hu...

Uske aayat mai tha, mai,
Uske pukaar mai tha, mai,
Taaro si naseeb, chaayi hogi usne,
Kaam khatam, hone par,
Tuttna khoob, jaanti thi woh,
Baag se jo, phool churati thi,
Aaj unhi ki piche, dillagi karne baithi hai woh...

20. Aankhri Mulaqat

Rone ki aawaz aayi, kahi se,
Unsuna karne lage hum, wahi se,
Thapki si, sursurahat thi,
Aur hawayo si, thand thi,
Aankhri baar, hum uske shehar poche the,
Yaadein taaza karne, hum poche the,
Achanak unka, call aaya tha,
Pehle do dafa, humne undekha kiya tha,
Teesre baar uthane par, unke lafz nam the,
Atak kar mera naam, pukaar rahi thi,
Akele uske bagiche mai, woh ro rahi thi,
Ab samaj aaya, yeh aansu kinke the,
Jo mujhse, dekhe nahi jaa rahe the...

Call pe, humne nakaara,
Dil se, unhe pukaara,
Chahat toh, unke paas jaane ki thi,
Lekin qismat, mai kuch aur hi baat thi,
Thode samay baat, unki hulchul ruki,
Unki baatein, chuppi mai badli,
Humne kahi baar, unka naam liya,
Waha se bas, mera naam aaya,
Hum phone side karke, unke taraf bhaage,
Sardi ke shaam mai, bheed se takraaye,

Dil, thehar chuka tha,
Unki shakal, dekhna chahta tha...

Unke ghar pochke, unhein khoob dhoonda,
Pagalo ki tarah, unke ek jhalak ko tarsa,
Unke padosiyo se, puch-taach ki,
Tab pata chala, usse milne,
Ambulance chaukat par, aayi thi...

Humne hospital ka pata lekar, phir bhaage,
Uske nazar ke liye, phir tadape,
Narazagi ko, baju mai rakhkar,
Aankhein humhaare, bhi nam the,
Bas bechaini, unki haalat ki thi,
Isiliye Jaan, humhaari gehraai mai thi..

Hospital poche, unka chehra dhikha,
Thik thi woh, sab shikwe dhikhe,
Ek duje ko dekh kar, samaj nhi aaya,
Hasse, roye ya gussa kare,
Bas woh pal, ki aas mai,
Woh pal mai, hi bas gaye...

Uski fiqr, ab hume jyada thi,
Gille hazaar the, lekin tabyat kharab thi,
Sambhalte sambhalte,
Humne unko, mere ghar laaya,

Shaadi nahi lekin, kuch din dekh-rekh karne laaya,
Ajeeb si chuppi ne, ek basera sa chaaya,
Mere parivaar waale, shaanth the,
Hum dono ko dekh kar, anjaan the,
Khana khaye, aur dher saari baatein kiye,
Dawa khake, phir sone gaye,
Unke charan ke yaha hi, baithkar mai,
Bas unke yaado mai, so gaya tha,
"Hey Narayan, yeh mujhe phir se kya ho gya tha ?"

21. Khwab-e-Mulaqat

Subah ke naste se, shaam ki coffee tak,
Sab jee rahe the, hum,
Pure sapne jo, na huye,
Issi bahane, woh dohra rahe the hum,
Dheere dheere, unki tabyat sawaari,
Khushi ke pal, phir se aaye,
Lekin yeh humhaare, taqdir mai tha hi nahi...

Jaha jaate, waha sab ghurr rahe the,
Pyaar se jyada, muqaam ki chinta ho rahi thi,
Uske saath, bitaaye har pal,
Log hume, nirasha kar rahe the,
Dosto ke saath, jab bhi hum baithte,
Kuch kami si, humesha satatti...

Ek shaam, akele kahi,
Mai nikla, kuch kharidne,
Raah mai, chalte chalte,
Mulaqat huyi, ek dost se,
Baato baato mai, kaha usne,
Kuch alfaaz, qehar waale,
Naaraz huye, hum usse,
Nikal pade, hum waha se...

Na jaane, kyu usne aisa kaha,
Na jaane, kyu usko aisa laga,
Kehne ko, kaha hoga,
Warna kya, uska matlab hoga ?
Kehta hai, mai pagal hu,
Parchayi ke sang, rehta hu,
Brahm aur maaya ke saath,
Ghumta aur baatein krta hu...

Kehta hai, premika ki meri,
Jaan uss din, chali gayi thi,
Jiss din milne usse, aankhri baar hum gaye the,
Dil mai tezzi hone par, huyi uski maut thi,
Lekar aaya mai, uske chaaye ko saath tab,
Mere ghar mai, shaanti thi,
Aur mann mai, aarambh tab...

Khwab mai, jee raha hu mai,
Uske pyaar mai, madhosh hu mai,
Har dafa, uske saaye mai,
Zinda, reh raha hu mai,
Yeh zindagi se, mere apne pareshaan hai,
Bhavishya se mere, agyaan hai,
Zindagi banane se, zindagi se bichadne tak,
Kya kare, kya kahe,
Ek aisi mulaqat ka...

www.ingramcontent.com/pod-product-compliance
Lightning Source LLC
Chambersburg PA
CBHW070649240926
51846CB00003BA/836
* 9 7 8 9 3 7 3 1 4 8 2 1 2 *